Arbre à bijoux des fées

Tout le matériel pour créer 6 bijoux enchantés

DEUX COQS D'OR

Matériel

Tout les accessoires pour réaliser tes bijoux sont prévus dans ton coffret. En plus, tu vas avoir besoin d'une paire de ciseaux et de deux pinces à bijoux (plate, ronde ou multi-usage).

Astuces :

- Pour ne pas perdre les perles de tes bijoux quand tu les fabriques, attache au bout du fil une pince à linge ou un morceau de ruban adhésif replié sur lui-même.
- Demande à un adulte d'ajouter une pointe de colle forte sur les nœuds pour sécuriser tes bijoux et éviter la casse.

Comment poser les anneaux de liaison ?

Pour poser les breloques, tu devras utiliser des anneaux de liaison. Pour les ouvrir, tiens l'anneau brisé face à toi avec deux pinces. Fais pivoter l'une des deux pinces vers toi pour décaler un des côtés de l'anneau et l'ouvrir. Passe ensuite la breloque dans l'anneau puis referme l'anneau en faisant pivoter l'une des pinces pour réaligner les deux côtés.

La fée blanche

C'est la fée de l'émerveillement.
Pure comme la neige, elle enchante.

Étape 1

Glisse la fiole sur la chaîne en microbilles.

Étape 2

Ajoute un anneau de liaison argenté à la breloque baguette magique (voir la technique ci-dessus) et enfile-la sur la chaîne.

La fée bleue

C'est la fée de l'harmonie et de la sérénité.
Elle aide à retrouver son calme et apaise le cœur.

Étape 1

Coupe un morceau de fil élastique transparent de 40 cm. Enfile trois perles toupies bleues chacune alternée avec une perle de rocaille dorée.

Étape 2

Glisse la perle papillon sur le fil.

Étape 3

Finalise le motif central en symétrie avec trois perles dorées et trois perles toupies.

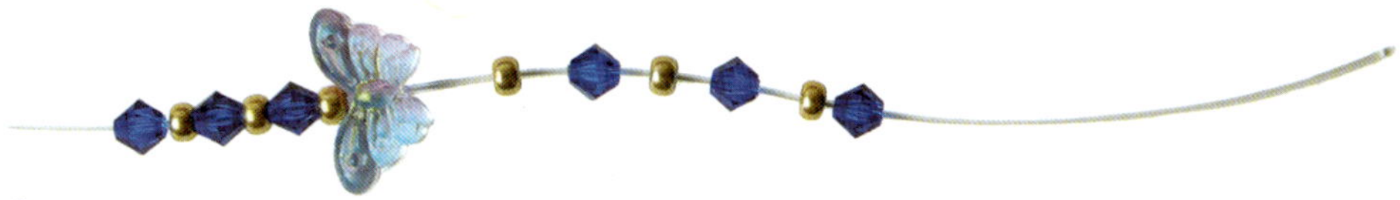

Étape 4

Complète ton bracelet avec des perles de rocaille dorées de chaque côté jusqu'à atteindre la taille de ton poignet.

Étape 5

Fais un double nœud.

Étape 6

Coupe les fils qui dépassent.

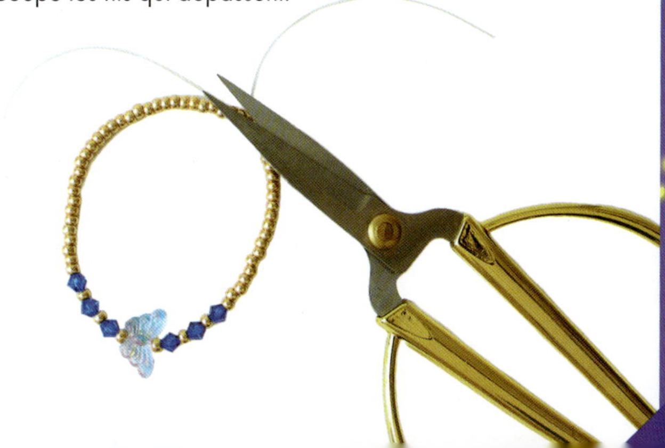

La fée verte

C'est la fée de la nature.
Elle protège la Terre et garde toujours l'espoir.

Étape 1

Coupe un morceau de fil élastique transparent de 60 cm. Enfile quatre perles de rocaille blanches. Ajoute une perle dorée. Place le motif au centre du fil.

Étape 2

Passe ton fil dans la première perle que tu as enfilée dans l'autre sens.

Étape 3

Glisse ensuite trois nouvelles perles blanches sur ton fil...

Étape 4

... avant d'enrouler le fil autour de la perle dorée et de le faire passer dans la perle blanche opposée.

Étape 5

Tire sur les fils pour former la fleur.

Étape 6

Insère à présent trois perles vertes, puis l'étoile verte... Et enfin trois autres perles vertes.

Étape 7

Réalise une seconde fleur en répétant les étapes 1 à 5. Complète avec des perles vertes de chaque côté jusqu'à atteindre la taille de ton poignet.

Étape 8

Réalise un double nœud pour fermer ton bracelet.

Étape 9

Coupe les fils qui dépassent.

La fée rose

C'est la fée de l'amour.
Elle est douce et tendre comme un cœur.

Étape 1

Coupe un morceau de fil élastique transparent de 40 cm. Enfile une grande perle rose transparente et une grande perle nacrée.

Étape 2

Ajoute un anneau de liaison argenté à la breloque étoile rose (voir la technique en p. 2) et glisse-la sur ton fil.

Étape 3

Insère une seconde perle rose transparente.

Étape 4

Complète le bracelet de chaque côté de perles de rocaille blanches jusqu'à atteindre la taille de ton poignet.

Étape 5

Fais un double nœud.

Étape 6

Coupe les fils qui dépassent.

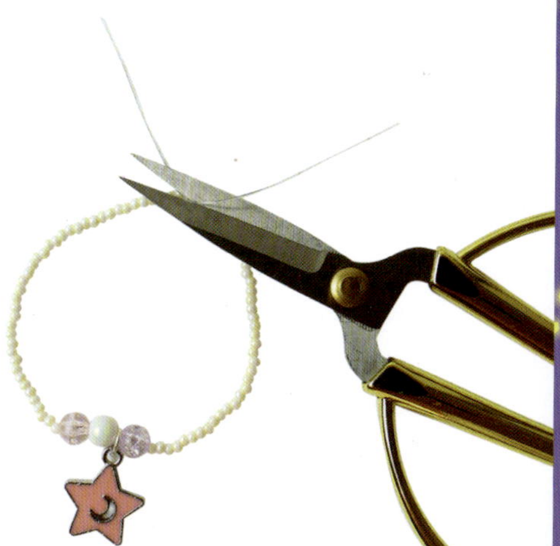

La fée dorée

C'est la fée de l'énergie. Lumineuse, elle vole jour et nuit, toujours de bonne humeur et prête pour mille activités.

Étape 1

Coupe le fil de jade doré en deux morceaux de 62 et 58 cm.

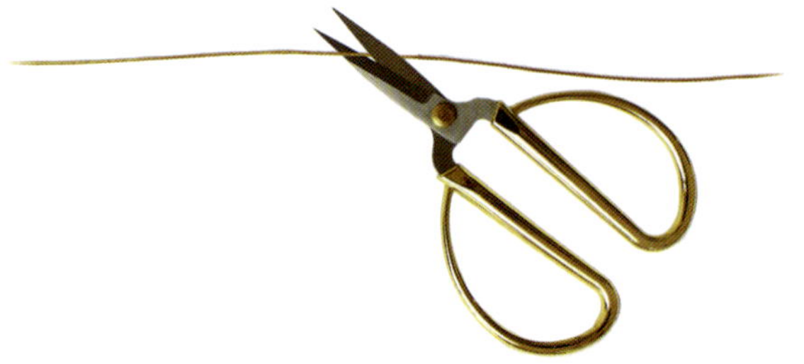

Étape 2

Sur le plus petit des deux fils, insère six perles de rocaille dorées, puis ajoute une perle plate étoile.

Étape 3

Complète avec trois perles dorées.

Étape 4

Sur le second fil, glisse trois perles dorées.

Étape 5

Ajoute un anneau de liaison doré à la breloque fée (voir la technique en p. 2) et glisse-la sur ton fil.
Puis glisse trois nouvelles perles dorées...

Étape 6

... une perle plate lune
et enfin trois perles dorées.

Étape 7

1. D'un coté, réunis une extrémité de chacun des deux fils en faisant un nœud avec l'anneau du fermoir.
2. Réunis les deux autres extrémités des fils et noue-les à un deuxième anneau doré. Accroche ce deuxième anneau au fermoir pour fermer ton collier.

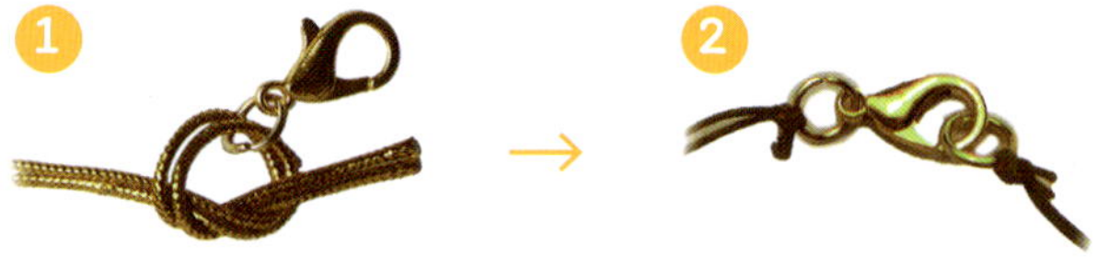

La fée violette

C'est la fée de la curiosité.
Elle aime voyager et découvrir ce qui l'entoure.

Étape 1

Fixe un anneau de liaison sur la breloque de la fée assise sur la lune (voir la technique en p. 2). Glisse-là ensuite sur le fil violet puis enfile trois perles blanches.

Étape 2

Ajoute six perles roses.

Étape 3

Enfile un premier pompon, puis sept perles violettes.

Étape 4

Fais glisser la breloque et les perles au centre du fil et répète le même enchaînement de perles avec le second pompon de l'autre côté de la breloque.

Étape 5

Pour fermer ton collier, fais un nœud coulissant.

1. Positionne le collier à plat et courbe les extrémités des fils l'une sur l'autre.
2. De chaque côté, fais un nœud simple avec l'extrémité du fil en prenant l'autre côté du fil dans la boucle.

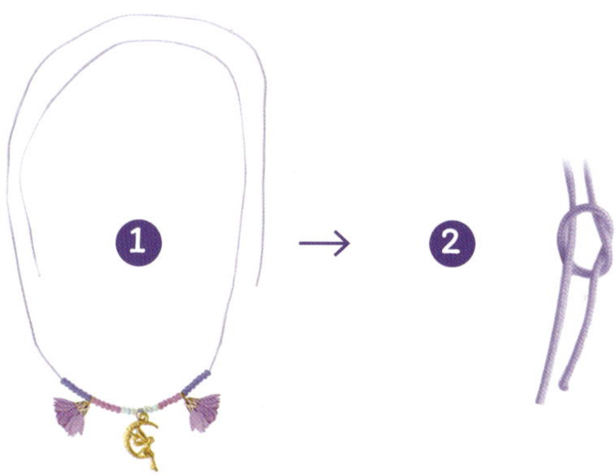

Étape 6

Serre bien fort et coupe les fils au ras des nœuds de chaque côté. Les nœuds sont coulissants, tu peux régler ton collier à la taille que tu souhaites !

L'arbre à bijoux des fées

Étape 1

Assemble ton arbre en emboîtant les deux parties dans les fentes prévues à cet effet.

Étape 2

Dépose tes bijoux aux branches de l'arbre
et accroche tes boucles d'oreilles
dans les trous prévus à cet effet.
Tes bijoux sont désormais bien rangés !